Elvis Osei Boateng

Die DNA eines Soldaten Christi

Elvis Osei Boateng

Die DNA eines Soldaten Christi

10 transformierende Lektionen
aus 10 Jahren Wandel mit Jesus

GloryWorld-Medien

1. Auflage 2024

Bibelzitate sind der Schlachter Bibel, Revidierte Fassung von 2000, entnommen.

Das Buch folgt den Regeln der Deutschen Rechtschreibreform. Die Bibelzitate wurden diesen Rechtschreibregeln angepasst.

Satz: Manfred Mayer
Umschlaggestaltung: Shirley Ihuarulam / Jens Neuhaus, www.7dinge.de

Printed in Germany

ISBN: 978-3-95578-638-0

Bestellnummer: 356638

Erhältlich beim Verlag:

GloryWorld-Medien
Beit-Sahour-Str. 4
D-46509 Xanten
Tel.: 02801-9854003
Fax: 02801-9854004
info@gloryworld.de
www.gloryworld.de

oder in jeder Buchhandlung

Inhalt

Vorwort

In einer Welt, in der das Tun mehr Bedeutung hat als das Sein und man in der Gesellschaft einem ständigen Leistungsdruck unterliegt, sollten Kinder Gottes, die sich Gott zum Dienst zur Verfügung stellen, wissen, dass das Sein (ihre Identität in Jesus) wichtiger ist als das Tun. Denn unser Handeln folgt automatisch aus dem Bewusstsein, wer wir in Christus sind.

Entsprechend beabsichtigt dieses Buch nicht in erster Linie ein Skillset (ein Bündel von Fähigkeiten) zu vermitteln oder eine How-to-do-it-yourself-Lektüre zu sein. Sondern es soll an erster Stelle als „Inkubator" dienen, in dem die Charaktereigenschaften, die Mentalitäten, die Herzenshaltungen und wichtigen Angewohnheiten, die Gottes Endzeit-Soldaten benötigen, durch Wort und Geist in einem Prozess entwickelt werden. Wenn du wie ich den brennenden Ruf Gottes wahrnimmst, in dieser Endzeit dein Leben dem Herrn als hingegebener Freund und Diener Jesu komplett zur Verfügung zu stellen, möchte ich dich einladen, dein Herz für eine Veränderung durch Gottes Geist und sein Wort zu öffnen.

Kann ich mit euch nicht genauso umgehen wie dieser Töpfer, du Haus Israel?, spricht der Herr.
Siehe, wie der Ton in der Hand des Töpfers, so seid ihr in meiner Hand, Haus Israel! (Jeremia 18,6).

So werde ich dir in diesem Buch die zehn wichtigsten Lektionen vermitteln, die der Herr mich in meinen ersten und erfolgreichen zehn Jahren meiner Reise mit ihm gelehrt hat. Ich glaube fest daran, dass der ungewöhnliche Weg, den der Herr mich seit meiner Zeit als Teenager hat gehen lassen, nicht nur dazu da war, mich selbst weise zu machen, sondern dass durch diese Erkenntnisse und Lektionen einigen Soldaten seiner Endzeit-Armee (und vielleicht bist du einer von ihnen) eine geistliche DNA vermittelt werden soll.

Meine ersten zehn Jahre mit Jesus begannen im Alter von fünfzehn. Vor meinem sechzehnten Geburtstag gründete Gott durch mich eine Organisation, die sich in ihrem dritten Jahr bereits international ausgedehnt hatte und heute ein wachsendes apostolisches Gemeindenetzwerk mit Basis in Düsseldorf ist. Seitdem habe ich Hunderte von Menschen zu Jesus führen dürfen, zahlreiche Heilungen und Wunder in meinem Dienst gesehen, eine reiche Anzahl von Menschen in Jüngerschaft leiten dürfen, von denen heute viele aktiv in Führungspositionen im Leib Christi und in der Gesellschaft sind, und mehrere Gemeinden gründen dürfen. Des Weiteren habe ich Lieder veröffentlicht, geheiratet etc. Dies sage ich nicht, um zu prahlen, da all dies nur aufgrund von Gottes Barmherzigkeit und Treue möglich ist. Was ich damit aber kommunizieren möchte, ist, dass biblisch gesehen Gott in jeder Generation auserwählte Menschen besondere Lebensrouten gehen lässt, um durch die gewonnenen Lektionen und die Geschichte ihres Lebens ihrer Generation eine geistliche DNA von Jesus, als dem Haupt der Gemeinde, zu vermitteln. Denn diese Zeit war nicht nur gekennzeichnet von Erfolgen, sondern auch von viel Leid, Schmerz, Enttäuschungen, Verleugnungen, mentalen Kämpfen und mehr – doch all dies letztlich zur Ehre Gottes.

... damit ihr ja nicht träge werdet, sondern Nachfolger derer, die durch Glauben und Geduld die Verheißungen erben (Hebräer 6,12).

Seht auf Abraham, euren Vater [in diesem Fall, euren Bruder Elvis], *und auf Sarah, die euch geboren hat; denn als Einzelnen habe ich ihn berufen und ihn gesegnet und gemehrt* (Jesaja 51,2; eig. Ergänzung).

Einführung

Die DNA des Soldaten

Ich erinnere mich daran, wie ich mir vor mehreren Monaten eine Dokumentation ansah, in der gezeigt wurde, wie anspruchsvoll die Bewerbungsverfahren und Tests sind, um als Polizist in Deutschland ausgebildet werden zu dürfen. Die meisten fielen beim Sporttest durch. In den offiziellen Bewerbungsunterlagen heißt es: „Der Polizeiberuf kann sowohl physisch als auch psychisch sehr belastend sein. Ein 8-Stunden-Tag im Streifenwagen ist eine Belastung und aus Routine kann blitzschnell ‚Ernstfall' werden, der höchste Konzentration und Einsatzbereitschaft verlangt. Deshalb suchen wir Bewerberinnen und Bewerber mit einer guten körperlichen Fitness und legen Wert darauf, dass diese auch gewahrt wird."

Doch ein Gedanke, der mir da durch den Kopf geht, ist, dass einige Menschen allein aufgrund ihrer genetischen Veranlagung nie Polizist werden könnten. Sie sind entweder zu klein, zu „unsportlich" oder sind krankheitsbedingt physisch eingeschränkt. Dies ist ein Resultat ihrer DNA. Die DNA trägt die Erbinformation von Lebewesen und ist somit quasi der Bauplan eines Individuums. DNA steht für Deoxyribonucleic acid (auf Deutsch heißt *acid* Säure, deswegen wird sie selten auch DNS genannt).

So können wir schlussfolgern, dass es gewisse Aufgaben, Verantwortungen und Positionen in jeder Gesellschaft gibt, welche eine bestimmte DNA voraussetzen.

Um ein Polizist zu sein, gibt es Anforderungen. Um Teil einer Spezialeinheit der Bundespolizei gegen Terror zu sein, gibt es nochmals höhere Anforderungen, und um sich der Bundeswehr anzuschließen, wiederum anspruchsvollere Voraussetzungen.

Der Grund für diesen Selektionsprozess und solch hohe Standards ist nicht etwa Rassismus oder ein Bedarf an unnötigem Elite-Gefühl, sondern es geht bei der exekutiven Staatsgewalt immer darum, das Volk zu schützen und bestmöglich zu gewährleisten, dass die Gesetze, Regeln und Normen der Regierung eingehalten werden – deswegen nennt man sie auch *Gesetzeshüter*.

Kann es sein, dass es auch im Reich Gottes – das eine unsichtbare Regierung auf Erden ist, sodass Gottes guter Wille nicht nur im Himmel, sondern auch auf der Erde Ausdruck findet – eine Armee von geschulten Soldaten geben muss? Und dass diese Soldaten eine bestimmte DNA besitzen müssen – geistlich gesehen, aber auch was ihre Lebensphilosophie und die Weisheit angeht, mit der sie ihr Leben, ihre Familien, ihre Dienste und Karrieren führen?

Gottes Wort, die Bibel, lehrt in Jesaja 60,2 Folgendes:

> *Denn siehe, Finsternis bedeckt die Erde und tiefes Dunkel die Völker; aber über dir geht auf der Herr, und seine Herrlichkeit erscheint über dir.*

Dieser Bibelpassage ist zu entnehmen, dass Finsternis die Erde und die Völker (die Nationen und verschiedene Gesellschaftsgruppen) bedeckt. In anderen Worten: Menschen, Industrien, Städte und soziale Gruppen (arm und reich) werden weltweit von unsichtbaren dunklen Kräften geplagt und manchmal sogar beherrscht; in Epheser 6,12 werden sie aufgelistet. Diese wiederum haben es sich, als Feinde von Gottes Reich und Absichten, zur Aufgabe gemacht, mit allen möglichen Mitteln zu stehlen, zu töten und zu zerstören (siehe Johannes 10,10).

Und aufgrund dessen stehen alle Söhne Gottes, welche gemäß den Worten Jesu in Matthäus 5,14 das Licht der Welt sind, in einem geistlichen (nicht menschlichen!) Kampf, um Gottes Reich in alle Gesellschaftsbereiche der Welt zu bringen, das bedeutet in:

- Religion
- Familie
- Bildung
- Regierung, Politik
- Medien
- Kunst, Sport und Unterhaltung
- Wirtschaft

Nun ist es so, dass viele Bürger in Gottes Reich, sprich wiedergeborene Christen und Nachfolger Christi, sich aufgrund ihrer Liebe für Jesus Gott sehr gerne als Soldaten zur Verfügung stellen wollen und so auch ihre Berufung auf Erden erfüllen möchten. Die wichtige Frage ist nun: Wer oder was muss ich sein, um von Gott in dieser Endzeit maximal genutzt zu werden? Oder anders: Welche geistliche und mentale DNA brauche ich für diesen Ruf?

Das Gute an Gottes Armee ist, dass Gott jeden einzelnen Bürger seines Reichs, sprich alle seine Kinder, dazu prädestiniert hat, Soldaten des Lichts zu sein. Das bedeutet, du musst nicht aus einer gewissen Familie kommen oder viele gute Werke auf dem Buckel haben, damit Gott dich als sein

Instrument gebrauchen kann. Denn die DNA, die vorausgesetzt wird, kann man sich aneignen!

Somit kannst du selbst, wenn du mit gewissen Eigenschaften oder Disziplinen nicht geboren oder erzogen worden bist, mit der Hilfe des Heiligen Geistes und Jüngerschaft im „OP-Raum Gottes“ die DNA entwickeln. Und dazu sollen dir meine zehn wichtigsten Lektionen aus meinen zehn Jahren Wandel mit Jesus helfen.

Kapitel 1

Getrieben von der Ewigkeit

... was aber unsichtbar ist, das ist ewig
(2. Korinther 4,18 b).

Jeder lebende Mensch wird von etwas getrieben, sei es gut oder böse, zielführend oder verführend. Das Leben wurde von Gott auf eine Art und Weise gestaltet, dass der Mensch immer – bewusst oder unbewusst – von einem Geist beeinflusst wird. So wie ein Auto ohne Antrieb nicht fahren kann, kann sich auch der Mensch ohne Antrieb nicht bewegen. Nun ist aber das Interessante, dass der Mensch sich immer bewegt! Denn die Zeit hört nie auf fortzuschreiten, so wie die Erde nicht aufhört sich zu drehen. In anderen Worten: Selbst ein faules, langsames und unproduktives Leben ist ein sich bewegendes Leben, angetrieben vom Geist der Faulheit und sich in eine ungünstige Richtung bewegend.

Die Frage, die ich dir nun stellen möchte, ist: Wovon wird dein Leben getrieben? Der US-amerikanische Leadership-Experte, Autor und Pastor Craig Groeschel sagt in seinen Podcasts gerne: „Dein Leben wird sich immer in die Richtung deiner stärksten Gedanken bewegen."

Als fromme Christen sagen wir gern, dass unser Leben nur von Gott und seinem Wort getrieben ist. Doch wenn man in Ruhe und absoluter Ehrlichkeit seine täglichen Entscheidungen und Gedanken analysiert, wird man hier und da bemerken, dass man vielleicht doch noch zu einem großen Teil von Angst, gesellschaftlicher Anerkennung oder vom Geld getrieben ist.

Das, was dich antreibt, bestimmt dein Leben. Wenn beispielsweise ein Bauer seine Rinder treibt, entscheidet *er*, in welche Richtung seine Tiere laufen. Doch was sollte uns als Nachfolger Christi und Gottes Endzeit-Soldaten treiben? Ich beantworte dir diese Frage mit zwei Bibelauszügen:

1. Die Liebe für Gott

> *Denn die Liebe des Christus drängt uns, da wir von diesem überzeugt sind: Wenn einer für alle gestorben ist, so sind sie alle gestorben* (2. Korinther 5,14).

2. Die Ewigkeit

> *Diese alle sind im Glauben gestorben, ohne das Verheißene empfangen zu haben, sondern sie haben es nur von ferne gesehen und waren davon überzeugt und haben es willkommen geheißen und bekannt, dass sie Gäste ohne Bürgerrecht und Fremdlinge sind auf Erden* (Hebräer 11,13).

Was diese beiden Antriebe mit mir und auch mit dir machen werden, wenn du sie übernimmst, ist, dass sie (1) deine Intentionen reinigen und (2) deine Perspektive auf das Leben ändern. Denn derjenige, der weiß, dass sein Leben ein Dienst ist und dass dieser Dienst aus Liebe zum König geschieht, wird die Intentionen seines Herzens immer wieder neu auf den Prüfstand stellen – mit dem Ziel, dass alle Gedanken und Handlungen durch Liebe motiviert bleiben.

Des Weiteren ist es so, dass man eine andere Sichtweise und Perspektive auf das Leben bekommt (1. Johannes 3,3), wenn man in der täglichen Gewissheit lebt, dass es nach diesem Leben eine Existenz und ein Gericht gibt (Hebräer 9,27) und dass jeder Mensch nach diesem Leben unumgänglich – als Folge seines Glaubens (Epheser 2,8-9) und seiner Lebensentscheidungen – die Ewigkeit im Himmel oder in der Hölle verbringt und gemäß seiner Werke belohnt oder bestraft wird (Offenbarung 22,12). Diese Sichtweise darf ein Soldat Gottes niemals aus den Augen verlieren.

Kapitel 2

Die Vergänglichkeit des Lebens

Mind at the beginning what matters at the end. – Bedenke am Anfang, was am Ende zählt.[1]

In diesem Kapitel befassen wir uns mit einer Realität, die mein Leben bis heute tagtäglich prägt. Sie gehört zu den wichtigsten Wahrheiten, die ein Mensch in seiner Lebenszeit auf der Erde realisieren muss. Gemeint ist: die Vergänglichkeit des Lebens.

Im Buch der Offenbarung wird Gott als der Anfang und das Ende beschrieben. Dies ist ein Versuch, einen zeitlosen Gott für einen in Raum und Zeit lebenden Menschen zu beschreiben. Denn Gott existiert außerhalb der Zeit. Gott ist in der ewigen Vergangenheit gewesen und wird in der ewigen Zukunft sein.

Gott schuf die Erde und setzte den Menschen, der in seinem Ebenbild gemacht ist, in Zeit und Raum. Ewigkeit lebt zwar als ein Same und somit auch als ein Verlangen in unserem Herzen (Prediger 3,11), doch unser irdisches Leben ist vergänglich. So ist auch die Erde, diese Welt, vergänglich. Der Mensch wurde in diese Welt gesetzt, um Gottes

---

[1] Reinhard Bonnke (1940–2019), deutscher Evangelist und Gründer von *Christ for all Nations*.

Schönheit und Macht aus seiner ewigen Welt in diese vergängliche Welt zu übertragen. Doch da dem Teufel, dem Gott dieser Welt (2. Korinther 4,4), diese Wahrheit bewusst ist, hat er ein Weltsystem kreiert, welches komplett darauf ausgerichtet ist, den Menschen die Ewigkeit vergessen zu lassen und sich auf das Vergängliche zu konzentrieren, bis das Vergängliche den ewigen Samen im Herzen des Menschen komplett auffrisst. Dazu nutzt er das Bildungssystem, soziale Medien, falsche Freunde und vieles mehr. Deshalb warnte Gott auch schon vor 2.000 Jahren durch den Apostel Johannes die Menschen der damaligen Zeit (oh, wie sehr wir diese Warnung heute brauchen!):

> *Habt nicht lieb die Welt, noch was in der Welt ist! Wenn jemand die Welt liebhat, so ist die Liebe des Vaters nicht in ihm. Denn alles, was in der Welt ist, die Fleischeslust, die Augenlust und der Hochmut des Lebens, ist nicht von dem Vater, sondern von der Welt. Und die Welt vergeht und ihre Lust; wer aber den Willen Gottes tut, der bleibt in Ewigkeit* (1. Johannes 2,15-17).

Gott zeigte und erklärte mir vor mehreren Jahren, dass vieles, um was sich der Mensch heute Sorgen und Gedanken macht, überhaupt keinen ewigen Wert hat, und dass all die Sachen der Welt vergänglich sind. Bis heute ist das ein Thema, worüber ich nur schwer normal reden kann; die Blindheit und Sturheit der Menschen bringt mich in tiefe Verzweiflung – wegen den endlosen Konsequenzen, unserer heutigen Entscheidungen. Zugleich motiviert es mich, mich noch mehr auf den Herrn Jesus zu fokussieren und noch mehr Menschen zur rettenden Wahrheit zu führen. Auch Jesus trug auf Erden die schwere Last dieser Erkenntnis mit sich und sprach:

Denn was hilft es dem Menschen, wenn er die ganze Welt gewinnt, aber sein Leben verliert? Oder was kann der Mensch als Lösegeld für sein Leben geben? (Matthäus 16,26).

Himmel und Erde werden vergehen, aber meine Worte werden nicht vergehen (Matthäus 24,35).

König Salomo, der Mann, welcher in der Bibel für seine unermessliche Weisheit bekannt und der weiseste Mann auf Erden war, bis Christus geboren wurde, blickte am Ende seines Lebens im Geist der Weisheit zurück und schrieb „*O Nichtigkeit* [oder auch: Sinnlosigkeit] *der Nichtigkeiten!, spricht der Prediger. O Nichtigkeit der Nichtigkeiten! Alles ist nichtig!*“ (Prediger 1,2).

Hast auch du schon einmal eine sehr lebhafte Person gekannt, die gefühlt von einem auf den anderen Moment ihr Leben verlor, wodurch unsere Vergänglichkeit offensichtlich wurde? Dies passiert leider jungen wie auch alten Menschen. Das ist keine pessimistische Nachricht, sondern vielmehr ein Weckruf, um uns an die Realität der Vergänglichkeit des Lebens zu erinnern; und das Bewusstsein darüber ist Bestandteil der DNA eines wahren Soldaten Gottes.

Wer Kriegsdienst tut, verstrickt sich nicht in Geschäfte des Lebensunterhalts, damit er dem gefällt, der ihn in Dienst gestellt hat (2. Timotheus 2,4).

Nimm dir 3 bis 5 Minuten, um dir selbst folgende Fragen meditativ zu beantworten:

- Lebst du mit dem täglichen Bewusstsein der Vergänglichkeit des Lebens, dem Wissen um die Existenz des Himmels und der Hölle? Oder hat das Weltsystem es erfolgreich geschafft, diese Wahrheiten aus deinem Blickfeld zu nehmen?

- Sammelst du durch ein Leben der Hingabe und des Gehorsams gegenüber Gott Schätze für die Ewigkeit an? Oder hast du ausschließlich Visionen und Träume für diese Weltzeit?
- Wenn dein irdisches Leben heute ein Ende finden würde, würdest du von dir selbst behaupten, dass du alles geworden bist, wozu Gott dich berufen hat? Oder lebst du aktuell weit von dem entfernt, was Gott in seinem Buch über dich geschrieben hat?

Kapitel 3

Die Gegenwart Gottes

Eines erbitte ich von dem Herrn, nach diesem will ich trachten: dass ich bleiben darf im Haus des Herrn mein ganzes Leben lang (Psalm 27,4).

So wie der Fisch für das Wasser gemacht worden ist, wurde der Mensch für die Gegenwart Gottes geschaffen. Das Leben wurde von Gott so gestaltet, dass der Mensch es nur mit IHM erfolgreich bewältigen kann. Und Gott selbst ist in erster Linie in seinem Wort, der Bibel, und seiner Gegenwart zu finden. Denn die Gegenwart Gottes beinhaltet alles, was er hat und ist. Bedeutend ist dabei, dass in der Gegenwart Gottes Frieden, Liebe, Vergebung, Kraft, Weisheit usw. ist, weil das Gottes Charakter ist. Die Gegenwart Gottes ist nicht primär in großartigen Tempeln oder auf heiligen Bergen zu finden, sondern immer dort, wo ein oder mehrere Menschen Jesus als König anerkennen und ihn einladen, Herr zu sein. Dic Präsenz Gottes ist unsichtbar, da sie geistlich ist; jedoch können ihre Auswirkungen sichtbar sein. Die Gegenwart Gottes selbst kann man nicht anfassen, sie kann aber vom Geist des Menschen wahrgenommen und dann oft auch körperlich spürbar werden.

Ein Grund, weshalb die Gegenwart Gottes der größte Mehrwert ist, den ein Mensch im Leben haben kann, ist, dass das Übernatürliche über das Natürliche herrscht. Entsprechend sollte man ein Verständnis dafür haben, dass Ereignisse, Situationen und Schöpfung nicht einfach entstehen, sondern Konsequenzen geistlicher Vorgänge sind. Menschen (vor allem in der westlichen Welt) müssen verstehen, dass die Welt viel, viel geistlicher ist, als die meisten es denken. Beispielsweise redet die Bibel vom Geist der Furcht (2. Timotheus 1,7) und bezeichnet gewisse Krankheiten als Geister der Krankheit. Eine geistlich ahnungslose Person würde diese Zustände ausschließlich aus einer psychologischen und medizinischen Sichtweise betrachten, ohne zu wissen, dass es mehr gibt als das, was das nackte Auge wahrnehmen kann – die geistliche Welt.

Der einfachste und fundamentalste Weg, um Gottes wunderschöne Gegenwart zu erfahren, in ihr zu wachsen, aber auch um geistlich in dem Herrn aktiv zu werden, ist das Gebet, das Fasten und das Wort Gottes sowie geistlicher Hunger. Im Folgenden habe ich für dich kurze Listen mit hilfreichen Tipps und Aussagen zu den erwähnten Punkten erstellt.

Wie entwickle ich ein wachsendes Gebetsleben?

- Was mir immens half, war das Umdefinieren des Begriffes „Gebet“. Ich nenne es stattdessen „Zeit mit Jesus“. So fühlt es sich weniger wie eine Verpflichtung an, sondern wird zu einem Akt der Liebe und Beziehung.
- Verstehe Gebet eher als einen Dialog mit Gott, statt als Monolog, in dem man lediglich seine Anliegen vor Gott bringt. Erwarte in deinem Herzen eine Antwort Gottes; manchmal kommt diese mit einer leisen Stimme im Herzen, mit Frieden oder Unruhe oder einer Idee bzw.

Inspiration. Mit der Zeit wächst man immer mehr darin, Gottes Stimme und Kommunikationsweisen zu identifizieren und zu verstehen.

- Verstehe, dass das Gebetsleben sich von einer Verpflichtung zu einer Disziplin entwickelt und mit der Reife zum Genuss wird.
- Bete mit christlicher Instrumentalmusik oder gesalbter Anbetungsmusik, die dir hilft, geistlich deine Augen auf Christus zu richten.
- Eliminiere Ablenkungen, indem du dein Handy von dir fernhältst oder es auf Flugmodus stellst. Respektiere Gott als deinen Liebhaber und König, indem du ihm alle Aufmerksamkeit gibst, die er verdient. (Sollte dir beim Gebet ein wichtiger Gedanke o. Ä. einfallen, kannst du das auf eine separate Liste schreiben, ich persönlich nenne diese Liste „Bergnotizen".)
- Habe feste tägliche und wöchentliche Gebetszeiten.
- Habe einen Gebetspartner, der dich herausfordert, mehr Zeit mit Jesus zu verbringen.

Was sind die Vorteile eines fastenden Lebensstils?

- Zuerst sollte man verstehen, dass laut den Worten Jesu seine Gemeinde sich bis zu seiner Wiederkunft in einer grundsätzlichen Fastenzeit befindet (Markus 2,20). Das bedeutet nicht, dass wir jeden Tag fasten sollen, aber dass der Herr uns zu einem Lebensstil des geläufigen und häufigen Fastens einlädt.
- Fasten ist ein Statement gegenüber dem Fleisch, sodass man seinem fleischlichen Verlangen nicht länger die Position eines Götzen erlaubt. Ein Götze ist alles, dem man statt Gott die erste Stelle in seinem Herzen gibt. Vielmehr soll Jesus im Herzen an erster Stelle stehn (Philipper 3,19; 2. Mose 20,4-6).

- Fasten hilft, im Geist zu wandeln, um nicht die sündhaften Lüste des Fleisches zu erfüllen (Galater 5,16-17).
- Fasten hilft, Sünde (vor allem hartnäckige Süchte) zu überwinden.
- Fasten hilft dazu, in Kraft und Autorität in Christus zu wachsen.
- Gemeinschaftliches Fasten hat eine enorme Kraft, um ganze Familien, Städte und Nationen für Christus zu beeinflussen.

Wie kann ich mein tägliches Bibelstudium verbessern?

- Habe bestmöglich dein Bibelstudium immer, bevor dein Tag beginnt.
- Integriere Gebet in dein Bibelstudium.
- Bitte den Heiligen Geist immer vor dem Lesen, dir sein Wort zu erklären
- Lies ganze Bücher in der Bibel; und wenn das komplett neu für dich ist, starte mit dem Johannesevangelium.
- Tausche dich mit anderen Glaubensgeschwistern über das Gelesene aus.
- Lies nicht nur, um zu verstehen, sondern um durch das Wort Gottes transformiert und ein Täter des Wortes zu werden.
- Die SOAP-Methode kann dabei sehr hilfreich sein:
    - *Scripture* (Bibelstelle): Welche Bibelpassage liest du?
    - *Observation* (Betrachtung): Was hast du beobachtet? Was ist dir aufgefallen?
    - *Application* (Anwendung): Was möchtest du von dem Verstandenen nun in deinem Leben implementieren und umsetzen? Wie willst du das tun?

- *Prayer* (Gebet): Für was motiviert dich das Gelesene zu beten? Möchtest du z. B. über etwas Buße tun oder Gottes Hilfe für einen neuen Lebensstil erbitten?

Was ist geistlicher Hunger?

- Hunger ist im Natürlichen ein Zeichen von Leben. Wer lebt, hat Hunger; wer krank ist oder im Sterben liegt, verliert ihn zunehmend.
- So ist es auch im Geistlichen, wer nach Gott hungert und sich nach seinem Wort, seiner Gegenwart und der Gemeinschaft mit Geschwistern sehnt, ist gesund und wird von dem Herrn genährt werden.
- Gott wird niemanden hungrig lassen, der nach ihm hungert (Jesaja 44,3).
- Interessanterweise ist es aber geistlich so, dass man desto hungriger wird, je mehr man von Gott bekommt.
- Es ist normal, wenn man im Wandel mit Gott nicht von Beginn an jeden Tag gleich hungrig ist.
- Nimmt man aber mangelnden Hunger wahr, sollte man lernen, sich zum Essen zu disziplinieren. Wie man im Natürlichen kranke Personen dazu anhalten muss zu essen, bis sie wieder gesund sind und ihr Hunger sie täglich dazu bewegt, von sich aus Nahrung aufzunehmen, so ist es auch im Geistlichen.

KAPITEL 4

Das größte Gebot

Nun aber bleiben Glaube, Hoffnung, Liebe, diese drei; die größte aber von diesen ist die Liebe (1. Korinther 13,13).

Stell dir vor, du hast eine sehr wichtige Prüfung mit genau 100 Aufgaben; und als eifriger Schüler, der seinem Prüfer gefallen möchte, um zu bestehen und erfolgreich zu sein, fragst du deinen Prüfer, ob es eine oder zwei Fragen gibt, die ihm am wichtigsten sind. Ob er dir vielleicht gnädigerweise mit einem Tipp helfen könne, damit du weißt, wo hinein du die meiste Energie investieren solltest und was die Schwerpunkte für ihn sind.

Wäre es nicht äußerst faszinierend, wenn wir Gott dieselbe Frage stellen könnten, um herauszufinden, was ihm unter all den Dingen, die wir als Soldaten für ihn tun möchten, am wichtigsten ist?

Das Großartige ist, dass Gott uns hinsichtlich dieser Frage nicht im Dunkeln tappen lässt. Denn eines Tages kam nach einer Lehrsession von Jesus ein Schriftgelehrter zu ihm und fragte, welches das wichtigste Gesetz unter allen Geboten sei. Die Antwort des Rabbis überraschte ihn wahrscheinlich sehr:

Und Jesus sprach zu ihm: „Du sollst den Herrn, deinen Gott, lieben mit deinem ganzen Herzen und mit deiner

> *ganzen Seele und mit deinem ganzen Denken." Das ist das erste und größte Gebot. Und das zweite ist ihm vergleichbar: „Du sollst deinen Nächsten lieben wie dich selbst." An diesen zwei Geboten hängen das ganze Gesetz und die Propheten* (Matthäus 22,37-40).

Die Frage nach dem wichtigsten Gebot ist somit beantwortet. Es ist das Gebot der Liebe. An erster Stelle sollen wir Gott lieben, mit allem, was wir haben und sind, und daraus entspringend lieben wir dann auch unseren Nächsten wie uns selbst.

Was mich am meisten an der Aussage Jesu fasziniert, ist, dass sie das Herz Gottes widerspiegelt. Denn es handelt sich nicht um ein „Gebot" im eigentlichen Sinn, in welchem eine Handlung befohlen wird, da man Liebe nicht einfordern kann. Vielmehr möchte Jesus uns mitteilen, was Gott am wichtigsten ist und wovon er am meisten träumt: eine innige Liebesbeziehung mit dir und mir – oh, du wunderschöner Jesus! Die Götter der Antike und verschiedenster Religionen forderten von ihren Anbetern die unterschiedlichsten Opfer, manchmal sogar Menschenopfer, um sie zufriedenzustellen. Doch der einzig wahre Gott und Schöpfer, welcher in sich selbst Liebe ist (1. Johannes 4,8), sagt, dass alles erfüllt worden ist, wenn das Gesetz der Liebe erfüllt wurde! Seine Liebe ist unbeschreiblich schön und befreiend.

In meinem Wandel mit Gott habe ich lange Zeit meinen Fokus auf viele verschiedene Sachen gesetzt, um ihm zu gefallen, weil ich ihn liebe und er würdig ist, mein Bestes zu empfangen. Ich habe viel Zeit in die Gemeindearbeit investiert, evangelisiert, gegeben, Geschwistern im Glauben gedient und alles, was man so macht, wenn man dem Herrn gefallen möchte. All dies tue ich heute immer noch, denn es ist ein schönes Privileg, eine Freude, und gehört zum

Gottesdienst dazu. Doch nachdem ich eine einfache Geschichte über zwei Schwestern in der Bibel tiefer verstand, habe ich meine Prioritäten drastisch geändert:

> *Es begab sich aber, als sie weiterreisten, dass er in ein gewisses Dorf kam; und eine Frau namens Martha nahm ihn auf in ihr Haus. Und diese hatte eine Schwester, welche Maria hieß; die setzte sich zu Jesu Füßen und hörte seinem Wort zu. Martha aber machte sich viel zu schaffen mit der Bedienung. Und sie trat herzu und sprach: Herr, kümmerst du dich nicht darum, dass mich meine Schwester allein dienen lässt? Sage ihr doch, dass sie mir hilft! Jesus aber antwortete und sprach zu ihr: Martha, Martha, du machst dir Sorge und Unruhe um vieles; eines aber ist Not. Maria aber hat das gute Teil erwählt; das soll nicht von ihr genommen werden!* (Lukas 10,38-42).

Ich entschied mich dazu, wie Maria die Gegenwart Gottes, die Einheit mit Jesus, die Gemeinschaft mit dem Heiligen an die erste Position zu stellen und „Quality Time with Jesus" (Qualitätszeit mit Jesus) für den Rest meines Lebens über alles andere zu stellen. Das ist für mich eine der allerwichtigsten Offenbarungen, die ein Soldat Gottes erlangen kann, wenn man die Absicht hat, dem Herrn Jesus zu gefallen und ihn mit dem eigenen Leben maximal zu ehren.

Mögen wir alle „Marias" sein, die ihre erste Liebe zu Jesus nie verlieren und die Gegenwart Gottes für immer als höchste Priorität behalten. Amen.

KAPITEL 5

Die Heilung der Seele

Wusstest du, dass es in der Bibel einen Menschen gab, den Gott einen Mann nach seinem eigenen Herzen nannte? Er war ein König, ein Krieger, ein Musiker und auch ein Prophet. Ein Mann, nach dem selbst Jesus später benannt wurde: als Sohn Davids. König David war dieser mächtige Mann! Doch vielen ist nicht wirklich bewusst, dass David trotz all der großartigen Attribute seines Lebens nicht komplett das wurde, wozu Gott ihn berufen hatte, und nicht wirklich der Soldat Gottes wurde, der er hatte werden sollen. Weshalb? Was war in seiner „Soldaten-DNA" schiefgelaufen, dass er seine Bestimmung nicht optimieren konnte? Es war eine ungeheilte Wunde in seiner Seele.

Viele Theologen haben aufgrund der Aussage Davids in Psalm 51,7: *„... in Sünde hat mich meine Mutter empfangen"*, und des Umgangs seines Vaters mit ihm die starke Vermutung, dass David der Sohn einer Prostituierten bzw. Konkubine war (vielleicht einer Magd des väterlichen Haushalts). Unabhängig davon, ob dies nun stimmt oder nicht, ist in der Geschichte Davids zu erkennen, dass er starke häusliche Ablehnung erfuhr. Er war beispielsweise als Jüngster seiner Brüder alleine in die Steppe verbannt worden, um sich dort um die Schafe seines Vaters zu kümmern. Als der Prophet Samuel

Davids Familie besuchte und Davids Vater, Isai, alle seine Söhne rufen sollte, wurde David nicht einmal zu den Söhnen des Hauses gezählt (siehe 1. Samuel 16,1-13). Zur Zeit dieses Ereignisses muss David in seinen Teenager-Jahren gewesen sein. Und kein Kind, das vor allem von seinem Vater Identität und Akzeptanz bekommen sollte, wird unter solchen Umständen ohne seelische Schäden aufwachsen können.

Jeder Mensch hat irgendwann, irgendwo im Leben in verschiedenen Intensitäten Schmerzen erlitten. Die meisten davon sind jedoch auf die Kindheit zurückzuführen und stammen somit auch gar nicht selten aus dem Familienkontext. Zwar nicht alle – einige Verletzungen erlebt man auch als erwachsene Person –, jedoch ist man als Kind ohne Schutz (wenn die Eltern oder ältere Geschwister ihn nicht gewährleisten) und besitzt auch nicht die emotionale Intelligenz, um negative Ereignisse gesund filtern und richtig verarbeiten zu können. Deswegen leben tatsächlich die meisten Menschen auch im hohen Alter noch mit verschiedensten Wunden, die ihnen nicht erlauben, ihr maximales Potenzial auszuschöpfen und die Soldaten zu sein, zu denen Gott sie berufen hat.

David hatte ein großes Verlangen, dem Herrn einen Tempel zu bauen. Dies wäre sein größtes Lebenswerk gewesen und eine mächtige Errungenschaft für das damalige Volk Israel. Doch Gott verwehrte es ihm. Ein Grund dafür war, dass er während seiner Herrschaft über Israel eines Tages nach einer Frau gelüstete und sie vom Balkon aus beim Baden beobachtete (dies ist heutzutage mit Pornografie zu vergleichen). Sein größter Lebensfehler endete nicht dort.

Diese Lust für die bereits verheiratete Frau namens Bathsheba verleitete ihn dazu, indirekt ihren Mann umbringen zu lassen, indem er ihn bei der Armee ungünstig positionierte, damit er dessen Frau haben konnte (2. Samuel 11). Deswegen und wegen der vielen Kriege, die David führte (ohne eigene Schuld), sagte Gott ihm, dass er viel Blut vergossen habe und deshalb den Tempel nicht bauen könne (1. Chronik 22,7-8; 28,3), dass aber sein Sohn Salomo es tun würde.

David hatte offensichtlich ein Problem mit sexueller Unmoral. Doch von woher kam das? Der Geist der Lust schleicht sich immer wieder in die Herzen von Menschen, die sich abgelehnt fühlen (wie David), da sie oftmals ein Identitätsproblem und zugleich einen inneren Rebellen in sich haben. Diese ungeheilte Wunde kostete David am Ende viel, unter anderem verlor er einen Sohn und hatte später noch schreckliche Familienprobleme.

Folgende Fragen möchte ich dir abschließend stellen, mit denen du dich offen und ehrlich mit der Hilfe Gottes und gegebenenfalls eines geistlichen Leiters befassen kannst:

- Gibt es ungeheilte Wunden in deinem Herzen, von denen du weißt?
- Glaubst du, dass diese Verletzungen deine Beziehung mit Gott, deine Freude und dein Potenzial beeinträchtigen?
- Hast du dich diesbezüglich schon mal christlich beraten lassen oder mit einem christlichen Therapeuten gesprochen? (Das empfehle ich unbedingt jeder Person, selbst wenn man sich nur einmal seelisch überprüfen lassen möchte.)
- Gibt es gewisse Sachen, die dich ungewöhnlich stark triggern und stören? Könnte es damit zu tun haben, dass du eine ungeheilte Wunde ignorierst?

Ich weiß, dass dies ein sehr sensibles und für viele auch ein schwieriges Thema sein kann. Ich ermutige diesbezüglich sehr dazu, professionell mit einem Pastor, einem vertrauten, reifen Gläubigen oder christlichen Therapeuten zu sprechen.

Ich bin der Herr dein Arzt (2. Mose 15,26).

Kapitel 6

Das Dream-Team

Eines der wichtigsten Sachen, die ein mächtiger Soldat Gottes braucht, ist ein Traum und eine Vision vom Herrn darüber, wozu der Herr sein Leben und seinen Dienst gebrauchen möchte. Sobald dies klar ist, braucht man das richtige Team und das richtige Netzwerk. Jeder Traum braucht ein Dream-Team zu seiner Erfüllung. Soldaten sind keine Ringboxer oder Golfer. Ihre persönliche Qualität allein genügt nicht, um erfolgreich zu sein. Die Stärke eines Soldaten kommt nur im Licht eines Kollektivs zur Wirkung; sprich, ein Soldat ist am Ende seiner Schlacht nur so erfolgreich, wie seine Truppe es im Ganzen ist.

So muss es Teil der DNA von Gottes Soldat sein, dass er den Beziehungen und dem richtigen Netzwerk zur Erfüllung seiner Visionen einen sehr hohen Stellenwert gibt. Das erste Mandat, das Gott dem Menschen gab, um sein Reich auf die Erde zu bringen, war ein kooperativer Auftrag:

> *Und Gott segnete sie; und Gott sprach zu ihnen: Seid fruchtbar und mehrt euch und füllt die Erde und macht sie euch untertan; und herrscht* (1. Mose 1,28).

Es war nie in Gottes Sinne, dass Menschen in Unabhängigkeit voneinander individualistische Mindsets bzw. Einstellungen und Denkweisen entwickeln. Gott ist in sich selbst vereint, indem er drei in einem ist – welch ein schönes Geheimnis! Gott könnte auch eins in einem sein, doch bevorzugt er es, seiner Gottheit in Beziehung, Liebe und Einheit Ausdruck zu geben. Genauso werden auch wir Menschen, die in seinem Ebenbild gemacht sind, nur dann unser Potenzial ausschöpfen können, wenn wir andere Menschen schätzen und mit reinem Herzen in gottgegebene Beziehungen investieren. Ich klassifiziere dir einmal dein Dream-Team in verschiedene Gruppen und gebe dir jeweils zwei bis drei Weisheiten dazu:

1. Familienbeziehungen

- Ehre deine Eltern, unabhängig davon, wie gut oder schlecht sie ihre Rollen in deinem Leben erfüllt haben; das ist ein Schlüssel zu mächtigen Segnungen von Gott.
- Vieles in deinem Leben ist abhängig von der Gesundheit deiner Ehe. Tue alles, was das Wort Gottes zum Thema Ehe rät und befiehlt. Eine schöne Ehe ist das Schönste, was es auf der Erde gibt. So ist eine schlimme Ehe auch der schlimmste Ort, an dem man sich im Leben befinden kann.
- Vergiss in all deinen Ambitionen im Leben nicht deine Familie. Satan hasst Familien und bekämpft sie nicht ohne Grund. Die göttlich gesegnete Familie ist Gottes primäre Strategie, um sein Reich auf die Erde zu bringen.

2. Beziehungen zu Übergeordneten

- In unserer heutigen Zeit wird es vermehrt zum Trend, Hierarchien aus allen Bereichen der Gesellschaft loszuwerden – dies ist nicht der Plan des Herrn.
- Es gibt Menschen, die uns gemäß der Bibel übergeordnet und Autoritäten sind (Hebräer 13,17).

- In deinem Dream-Team dürfen entsprechend nicht fehlen: Geistliche Autoritäten, Mentoren und weise Ratgeber. Wenn Gott dich damit segnet, ordne dich ihren Anweisungen in dem Herrn unter und folge ihrem guten Beispiel (Hebräer 6,12).

3. Partnerschaften

- Gute göttliche Freunde, die einen als die Person lieben, die man ist, die gute Intentionen für einen haben und denen gegenüber man transparent, offen und ehrlich sein kann, sind rar. Wenn du davon eine Handvoll in deinem Team hast, bist du überdurchschnittlich gesegnet.
- Des Weiteren braucht man auch Partner im Dienst, im Geschäft, im Studium usw. Das sind Personen, die mit einem gemeinsam ein ähnliches Ziel verfolgen, sodass man sich gegenseitig dient und unterstützt, um die Ziele zu erreichen.

4. Beziehungen zu Untergeordneten

- Gott segnet Menschen, damit sie ein Segen sein können. Dementsprechend bist du Gott schuldig, mit jedem Segen des Herrn weitere Menschen zu segnen (1. Mose 12,2).
- Wenn du gut im Business bist, unterstütze junge Entrepreneure. Bist du gesegnet mit einer prophetischen Gabe, dann erziehe viele weitere prophetische Stimmen.
- Dies ist das Prinzip der Multiplikation, welches Gottes Herzschlag für die Welt von Beginn der Zeit ist (1. Mose 1,28). So sagt man auch wahrheitsgemäß, dass Erfolg ohne einen Nachfolger ein Misserfolg ist.

Wichtig ist hierbei, abschließend zu erwähnen, dass man in solche Beziehungen nicht ausschließlich investieren soll, weil man einen persönlichen Profit darin sieht. Vielmehr soll dies in einer Haltung des Dienens und der Liebe geschehen, wobei du jedoch zugleich die Gewissheit haben kannst, dass der treue Gott dich im Gegenzug auch für deine Werke der Liebe und des Dienens segnen wird.

> *Unter euch aber soll es nicht so sein* [wie bei den Menschen in der Welt], *sondern wer unter euch groß werden will, der sei euer Diener, und wer von euch der Erste werden will, der sei aller Knecht* (Markus 10,43-44; eig. Ergänzung).

Kapitel 7

Kein Sklave des Geldes

Niemand kann zwei Herren dienen, denn entweder wird er den einen hassen und den anderen lieben, oder er wird dem einen anhängen und den anderen verachten. Ihr könnt nicht Gott dienen und dem Mammon! (Matthäus 6,24).

Es ist der Scheidungsgrund Nummer 1. Ganze Familien und sogar Nationen kommen daran zu Fall. Menschen studieren und arbeiten jahrelang, um mehr davon zu haben. Es wird sogar dafür getötet. Es ist ein Thema, worüber selbst viele Freunde nicht transparent reden wollen. Auch in vielen Gemeinden ist nur die Erwähnung von Geld Grund genug, um einigen die Freude am Herrn und an gesegnetem Lobpreis sowie einer gesalbten Nachricht zu nehmen. In Matthäus 6,24 nennt Jesus es den direkten Opponenten Gottes im Herzen der Menschen. Was ist so einflussreich, so präsent – und das, ohne zu sprechen? **Die Rede ist von Geld.**

Man kann nicht ganzheitlich über die DNA eines Soldaten sprechen, ohne das Thema Finanzen anzurühren. Denn kein Mensch kann auf diesem Planeten überleben, seine Familie ernähren, ein Dach über dem Kopf haben, reisen oder seine Träume erfüllen ohne Finanzen. Der biblische Standpunkt zum Thema ist: Geld ist ein sehr guter Diener (für ein erfülltes Leben und zur Erfüllung einer himmlischen Vision), aber ein schrecklicher Meister, wenn man sich ihm anstelle von Gott unterordnet (Prediger 10,19b; 1. Johannes 2,15-17; Matthäus 19,23-26).

Dies bedeutet, dass Geld in sich selbst – und auch viel Geld – weder schlecht noch sündhaft ist. Jesus hatte in seiner Lebenszeit genug Geld für sein Leben und seine Mission, doch war er nie ein Sklave des Geldes. Er handelte nie in Ungehorsam gegenüber Gott, um wirtschaftlichen Profit für sich selbst zu suchen. Er weigerte sich, sich vom Volk zum König krönen zu lassen, denn er war kein Sklave des Geldes. Wie viele Soldaten Gottes haben ihre Berufung nie ausgelebt, weil sie versucht haben, durch ständiges Arbeiten für sich selbst zu sorgen? Wie viele Dienste für den Herrn wurden nie gestartet, weil Geld und vermeintliche Sicherheit wichtiger als der Ruf Gottes waren? Ich habe in meinem nun über zehnjährigen Wandel mit Jesus folgende wichtige Prinzipien und Wahrheiten über Finanzen gelernt, die ich dir mitgeben möchte:

- Gott ist ein guter und treuer „Arbeitgeber“ und Versorger. Er zahlt nie zu spät und nie zu wenig. Man kann sich wirklich auf sein Wort verlassen. Weil Gott versorgt, muss ich mich nicht selbst versorgen (Matthäus 6,31-33).
- Gott liebt es, seine Kinder zu segnen. (Welcher gute Vater findet keine Erfüllung darin, seine Kinder versorgt und glücklich zu sehen?)
- Gottes primärer Kanal, um Menschen zu segnen, ist das Arbeiten. Finde einen Bereich, in dem du eine Berufung wahrnimmst, und sei eifrig darin (2. Thessalonicher 3,10; Prediger 9,10).

- Die Jagd nach dem Geld ist eine Falle des Teufels, um den Plan Gottes für Menschen zu sabotieren und die Herzen von Menschen zu verunreinigen.
- Mangel an Finanzen kostet unzählige Menschen die Erfüllung ihrer Berufung und ein ruhiges und erfülltes Leben – das ist nicht der Wille des Herrn (2. Korinther 8,9). Entsprechend ist es wichtig:
  - ein guter Verwalter seiner Finanzen zu sein,
  - kein verschwenderisches Leben zu führen,
  - ein großzügiger Geber zu sein,
  - eine Vision zu haben von dem Guten, das man mit mehr Geld für Gottes Reich machen möchte,
  - sich finanziell zu bilden und mehrere Einkommensquellen zu haben.

KAPITEL 8

Klüger als Ablenkungen

Bis meine EINE Sache erledigt worden ist, ist alles andere eine Ablenkung (Gary W. Keller).

Laut Statistiken verlieren Bürokräfte täglich durchschnittlich 2,1 Stunden an Arbeitszeit aufgrund von Ablenkungen. Im Durchschnitt schaffen es die Arbeiter nicht länger als elf Minuten zu arbeiten, bis sie abgelenkt werden. Als Ablenkung definiere ich: **Eine kontraproduktive Unterbrechung beim Erledigen einer Aufgabe.**

Nun, Ablenkungen sind schon immer des Menschen größter Feind gewesen; denn um voranzukommen oder erfolgreich zu sein, ist ein scharfer Fokus eine entscheidende Voraussetzung. Ablenkungen sind somit nichts Neues auf der Erde. Das große Problem, das wir aber heute haben, ist, dass die Anzahl an Ablenkungen unermesslich gestiegen ist. Cal Newport, der Autor des Bestsellers „Deep Work" (dt.: „Konzentriert arbeiten"), gab seinem Buch den Untertitel „Gesetze des Fokus in einer abgelenkten Welt". Und ich stimme ihm absolut zu, dass wir heute in einer Welt voller Ablenkungen leben, bevölkert von Menschen, die nie gelernt haben, Ablenkungen zu überwinden und fokussiert zu leben. Ist es nicht interessant, dass die reichsten Unternehmen der

Welt in 2024 nicht primär von Öl und Gold profitieren, sondern von der Aufmerksamkeit von Menschen (Netflix, Facebook, Google usw.)?

Ich bin der festen Überzeugung, dass es einen vom Feind konstruierten Kampf zur Ablenkung von Gottes potenziellen Soldaten gibt. Denn der Teufel weiß, dass nur ein fokussierter Soldat ein brauchbarer Soldat ist. Soziale Netzwerke können einerseits ein immenser Segen für das Reich Gottes sein – und andererseits die schlimmste Falle für dein Leben. Gott sucht in dieser Zeit und Stunde Menschen, die nicht mit allem Möglichen beschäftigt, sondern produktiv sind und wissen, dass nicht alles Gute gleich richtig ist.

Als ich jünger im Dienst war, war dies tatsächlich eine meiner größten Schwächen. Dadurch, dass ich immer verschiedene Visionen und Projekte in meinem Leben hatte, war ich einerseits sehr motiviert und willig, aber andererseits immens langsam in meinem Fortschritt. Weshalb?

Ich wollte zu viel gleichzeitig machen und ließ mich immer wieder von vermeintlich guten Sachen ablenken, die mich daran hinderten, das Richtige im von Gott bestimmten Moment zu tun. Ich brauchte beispielsweise überdurchschnittlich lang, um meinen Führerschein zu machen, weil ich parallel dazu Gemeinden gründen, studieren, heiraten, ein Business starten und noch mehr wollte. Der Weg der Weisheit wäre es gewesen, eines nach dem anderen zu machen und die Aufgaben ohne Ablenkung nacheinander zu erledigen. Es gibt eine Studie, die behauptet, dass das Gehirn eines Menschen nicht multitaskingfähig ist. Wenn man eine zweite Aufgabe anfängt, ist das Gehirn eigentlich noch bei der ersten, unerledigten Aufgabe und versucht sich nun wieder einer weiteren Aufgabe zu widmen. Das Resultat: Man schafft leider nur sehr wenig und braucht dafür sehr viel Zeit.

Ich rede über dieses Thema mit sehr viel Passion, weil ich weiß, dass großartige Menschen dieses Buch lesen werden, die zehnmal so erfolgreich sein werden, wie sie es heute sind, wenn sie erlernen, wie Maria „Personen einer Sache“ zu sein (Lukas 10,42).

Somit habe ich folgende Fragen an dich, die dir helfen sollen dein Leben noch fokussierter zu führen:

- Verbringst du täglich mehr Zeit auf sozialen Netzwerken als in der Gegenwart Gottes? Wie sehr würde es dich stören, dein Handy oder deinen Laptop zu verlieren, im Vergleich dazu, wie sehr es dich stören würde, Gottes Gegenwart zu verlieren?
- Bist du eine fokussierte Person? Kannst du dich für zwei Jahre auf ein Projekt fokussieren oder bist du jemand, der zwar gut im Anfangen ist, aber aufgrund von Ablenkungen sehr schlecht im Vollenden?
- Machst du regelmäßige Social-Media-Pausen und priorisierst damit deine seelische und geistliche Gesundheit über sinnfreiem Spaß?

Kapitel 9

Manchmal ist weniger mehr

Große Weisheit besteht darin, zu verstehen, dass nicht alles besser wird, indem man planlos versucht, schneller und intensiver zu werden. Jeder Soldat des Herrn, welcher über Jahre und Jahrzehnte konstant in seinem Tun sein möchte, muss verstehen, dass weniger manchmal mehr ist. Die Stichwörter hierzu sind **Ruhen**, **Tanken** und **Planen**. Dies systematisch zu meistern, ist ein Geheimnis erfolgreicher Soldaten Gottes.

Das System eines menschlichen Lebens funktioniert ähnlich wie ein Auto. Man kann ein großartiges, tolles und teures Auto haben. Doch ein klassisches Auto funktioniert nur dann, wenn es eine ausreichende Tankfüllung hat. Ein leerer Tank bedeutet: keine Bewegung. Auch wenn das tolle Auto mit so viel Potenzial dort steht, ist es nur insoweit brauchbar, als es vorher betankt wurde. Und so hat auch der Mensch verschiedene Tanks, welche immer wieder neu gefüllt werden müssen, um als Soldat Gottes in der Armee effektiv mit Leben, Visionen und Talenten dienen zu können.

Der erste Tank ist **physisch.** Unabhängig davon, wie motiviert oder passioniert man ist: Der Mensch kann nur so weit gehen, wie sein Körper es erlaubt. Das Leben und Dienen auf der Erde ist mit einem Körper verbunden. So sagt der

Schreiber des Hebräerbriefs in Hebräer 10,5: *„… einen Leib aber hast du mir bereitet“*. Obwohl Jesus Gott war, begann sein Dienst auf der Erde, als er einen Körper bekam, und endete sein physischer Dienst auf der Erde, als sein Körper die Erde verließ. Deswegen gehört es zur DNA jedes Soldaten Gottes, durch Ernährung, Fitness und verschiedene Tools seine Gesundheit zu fördern und damit seinen physischen Tank immer bestmöglich zu füllen. Hört dein Körper auf, so hört auch dein Dienst auf der Erde auf. Wird dein Körper schwächer, wird auch deine Effektivität schwächer.

Der zweite Tank ist **seelisch.** Der Mensch besitzt nicht nur einen Körper, sondern auch eine Seele, die ausreichend Aufmerksamkeit benötigt, um gesund zu sein. Seelischer Schmerz aus gescheiterten Beziehungen und Enttäuschungen, wie auch fehlende Zeit, um sich seelisch auszubalancieren und Ruhe zu finden, sind ein großes Hindernis für alles, was Gott mit einem machen möchte, und beeinflussen den gesamten Menschen sehr.

Der dritte Tank ist **geistlich.** Dieser Tank ist fundamental entscheidend für alle anderen Lebensbereiche. Ich habe das über die Jahre immer wieder erfahren dürfen. Wenn mein geistliches Leben schwächelt und ich weniger Zeit alleine mit Gott habe, weniger sein Wort studiere, geht alles in meinem Leben den Bach runter, inklusive meiner Finanzen und wichtigen Beziehungen im Leben. Dr. Johannes Hartl sagte so auch wahrheitsgemäß: ***„Gebet ist nicht alles. Aber ohne Gebet ist alles nichts. Selbst wenn vieles in deinem Leben angegriffen und herausgefordert wird, gehe immer sicher, dass dein geistlicher Tank voll ist, überfließt und Reserven auch verfügbar sind. So wird dein System nur schwer zusammenbrechen können.“***

Der vierte Tank ist der **soziale.** Da der Mensch wie Gott ein soziales Wesen ist, leben wir von gesunden Beziehungen und Freundschaften. Um ganzheitlich gesund zu sein, muss man als Soldat Gottes regelmäßig Auszeiten für Familie und Freunde einplanen. Wenn dieser Tank schwach gefüllt ist, beeinträchtigt es tatsächlich den ganzheitlichen Erfolg und die allgemeine Lebenszufriedenheit. Nicht nur ist es gut für die Beziehungen, sondern auch für dich ist es wichtig und trägt erheblich zu deiner Gesundheit bei. Hast du ein System, um in wichtige Beziehungen zu investieren? Schreibe dir doch sofort drei Personen auf, bei denen du dich melden solltest, um in eure Beziehung zu investieren.

Kapitel 10

Das Herz des Menschen

Mehr als alles andere behüte dein Herz; denn von ihm geht das Leben aus (Sprüche 4,23).

Ich bin sehr inspiriert von einem meiner Mentoren, Dr. David Oyedepo, der mit dem größten Gemeindegebäude der Welt mit einer Sitzkapazität von 50.000 in das Guinnessbuch der Rekorde einging und einst sagte: *„Du kannst alle meine Bücher lesen, die ich geschrieben habe und möglicherweise noch schreiben werde, doch bis du meinen Herzschlag für Gott entdeckt hast, hast du mein Geheimnis noch nicht gefunden.“*

Was für eine interessante Aussage. Dieser Mann, der eines der größten Gemeindenetzwerke der Welt gegründet hat und Kanzler von zwei Elite-Universitäten ist, sagt, dass sein Geheimnis nicht seine Professionalität oder sein exzellentes Team ist, sondern die Haltung seines Herzens in Bezug auf Gott.

Das Herz spielt in der Bibel eine sehr wichtige Rolle. Da Gott Liebe ist (1. Johannes 4,8) und mit ganzem Wesen liebt, ist für ihn im Umgang mit dem Menschen das Herz die wichtigste Sache. Denn Lieben ist in erster Linie nicht eine mentale oder kognitive Sache, sondern eine Herzensangelegenheit.

Deswegen ist Liebe im Königreich Gottes das Größte (1. Korinther 13,13), und Gottes Art von Liebe hat immer direkt mit dem Herzen zu tun.

Das Herz, biblisch gesehen, ist nicht das biologische Herz, sondern spricht von der Haltung, der Einstellung, dem Charakter und auch den Emotionen eines Menschen (wobei alle diese Dinge auch das physische Herz beeinflussen). Deshalb sagte König Salomo, dass dem Herzen das ganze Leben entspringt (Sprüche 4,23). Dein Leben kann in den Augen Gottes niemals besser als deine Herzenshaltung werden. Somit gehört zur DNA eines jeden wahren Soldaten Gottes ein ungeteiltes Herz für Gott, das IHN mit seinem ganzen Sein liebt und IHM dienen möchte.

Jesus lehrte in Markus 7,21-23:

> *Denn von innen, aus dem Herzen des Menschen, kommen die bösen Gedanken hervor, Ehebruch, Unzucht, Mord, Diebstahl, Geiz, Bosheit, Betrug, Zügellosigkeit, Neid, Lästerung, Hochmut, Unvernunft. All dieses Böse kommt von innen heraus und verunreinigt den Menschen.*

Gott sehnt sich nach unseren Herzen; und weil der Widersacher, der Teufel, das auch weiß, kämpft er, so gut er kann, dafür, die Herzen von Menschen zu verunreinigen und von Gott zu entfernen.

Mein Rat an dich ist, regelmäßig durch Rückzüge in die Natur sowie durch transparente und ehrliche Gespräche mit Gott, dir selbst und vertrauten geistlichen Begleitern den Zustand deines Herzens zu überprüfen (2. Korinther 13,5; Psalm 139,23-24). Denn dein Herz kann heute rein sein und morgen durch Enttäuschungen verbittert oder durch perverse Videos und Bilder auf Social-Media-Plattformen verunreinigt werden. Deswegen sagt Salomo: „Hüte dein Herz!" Tue alles in deiner Macht Stehende, um ein reines Herz zu haben und es zu bewahren, damit der Herr Gefallen an dir hat, deine Opfer als sein Soldat annimmt und du wie Paulus sagen kannst:

> *Deshalb bemühe ich mich auch, immer ein reines Gewissen vor Gott und den Menschen zu haben* (Apostelgeschichte 24,16 HFA).

Abschließend möchte ich dich auf König Amazja hinweisen, der einerseits dem Herrn diente, dem andererseits aber etwas fehlte:

> *Und er tat, was recht war in den Augen des Herrn, doch nicht von ganzem Herzen* (2. Chronik 25,2).

Mein Gebet für dich ist, dass du ein wahrer Soldat Gottes wirst und den Herrn zunehmend sowie von ganzem Herzen alle Tage deines Lebens lieben und ihm dienen wirst, und dass die DNA eines Soldaten Gottes, die du dir anhand dieses Buches nun mit Gottes Hilfe aneignen wirst, dafür sorgt, dass du deine himmlische Berufung erfüllst und alles wirst, wozu der Herr dich berufen hat.

Sei gesegnet in allem, was du tust, in Jesus Namen! Amen.

Kontakt zum Autor:

elvisboateng@christineurope.com

Weitere Produkte von GloryWorld-Medien

„Himmlische Bücher für die Erde"

Blake K. Healy, Unzerstörbar

Führe deine geistlichen Kämpfe aus der Perspektive des Himmels; 192 S., Pb.

Welche Fallen und Taktiken wenden Dämonen an, und wie können wir diese meiden? Blake K. Healy kann schon seit seiner Kindheit Engel und Dämonen sehen. Dieses Buch fasst zusammen, was er seither über die Pläne des Feindes und ebenso die des Himmels gelernt hat.

Wir lernen, die Komplotte, Pläne und Lügen des Feindes aufzudecken und abzuwehren und gleichzeitig die Pläne des Himmel voranzutreiben. Sein Hauptanliegen ist dabei, dass wir den geistlichen Kampf nicht aus eigener Kraft, sondern aus der Perspektive des Himmels führen, und ein Leben aufbauen, das unzerstörbar ist.

Wayne Jacobsen, Geliebt!

Tag für Tag in der Zuneigung des himmlischen Vaters leben; 240 S., Paperback

Jeden Tag ein Leben zu führen, in dem wir völlig sicher sind, dass wir bedingungslos von Gott geliebt sind – ist das wirklich möglich, und wie sieht das konkret aus?

Wayne Jacobsen bringt uns Schritt für Schritt nahe, wie tief die Liebe Gottes zu uns tatsächlich ist. Wir entdecken dabei, dass wir nicht zu Sklaven, sondern zu Söhnen und Töchtern berufen sind. Die liebevolle Zuneigung unseres Vaters im Himmel gilt uns in allen Umständen. Wir erleben eine lebendige Beziehung zu ihm, die uns von der Qual der Scham befreit und uns so verändert, dass wir als seine Kinder leben können.

Frank Krause, Die Armee

Impulse zur aktuellen geistlichen Revolution; 300 S., Pb.

Die Zukunft hat begonnen. Das Verlangen nach Wahrheit, Orientierung und positiven Visionen schwillt an wie eine Flut. Menschen wollen definitiv wissen, wie sie vom Heiligen Geist verwandelt werden können, um in die Dimension der Herrlichkeit Gottes und der engen Beziehung mit Jesus, genannt „Jüngerschaft", eintreten zu können.

Sie sind bereit, dafür zu kämpfen und alle Hindernisse zu überwinden. Sie haben das Spiel religiöser Nichtigkeit und frommen Missbrauchs satt und wollen zu Jesus selbst finden und mit ihm gehen – in Liebe und Wahrheit.

James Goll

Geistlich wahrnehmen und unterscheiden

Wie wir Offenbarungen empfangen, prüfen und anwenden können; 216 S.

James Goll erklärt, dass jeder Nachfolger Jesu geistliche Offenbarungen empfangen und prüfen kann, auch wenn einige als Propheten besonders begabt sind. Er legt präzise dar, wie wir unsere Sinne dem Heiligen Geist hingeben können, damit wir geistlich wahrnehmen können.

Und er erläutert, wie wir Offenbarungen prüfen, anwenden und letztlich verinnerlichen können, damit die Menschen sie nicht nur hören, sondern in uns sehen.

James Goll

Die Gaben des Heiligen Geistes freisetzen

216 S., Paperback

Der Heilige Geist demonstriert Gottes übernatürliche Kraft durch seine Gemeinde heute, indem seine Herrlichkeit auf globaler Ebene freigesetzt wird. Alle Gaben Gottes sind immer noch voll funktionsfähig, und jeder einzelne Gläubige ist dazu bestimmt, im Fluss Gottes zu leben und seine Bestimmung zu erfüllen.

James Goll zeigt auf, wie der Heilige Geist durch die neun bekanntesten Geistesgaben wirkt und wie wir sie unter Gottes Leitung für die Erfüllung des Missionsbefehls einsetzen können.

Es geht in diesem Buch aber nicht nur darum, wie man seine geistlichen Gaben entdeckt oder empfängt, sondern wie man sie freisetzt und weitergibt!

Jennifer A. Miskov, Fasten für mehr Feuer

Labe dich an Gott und löse Erweckung aus; 176 S.; Pb.; Mit Beiträgen von Heidi Baker, Lou Engle u. Randy Clark

Fasten bedeutet in erster Linie, sich an Gott zu laben! Jennifer Miskov hat die großen Erweckungen in der Geschichte untersucht und was die maßgeblichen Personen dazu beigetragen haben. Ein wichtiger gemeinsamer Nenner war das Fasten. Dabei waren die Fastenden eigentlich „die Feiernden" – **diejenigen, die zielstrebig den Himmel auf die Erde geholt haben.**

Aufgebaut wie ein Handbuch, enthält dieses Buch viele praktische Tipps sowie persönliche Erfahrungen mit dem Fasten, u.a. auch von Heidi Baker, Lou Engle und Randy Clark.

Henk Bruggeman

Das Herz des Vaters entdecken

Unsere Identität als Söhne und Töchter Gottes empfangen

200 S.; Paperback

Gott sehnt sich mehr denn je danach, seinen Kindern sein Vaterherz zu offenbaren. Er möchte, dass wir ihn nicht nur mit dem Kopf, sondern vor allem mit dem Herzen kennenlernen. Statt einer Distanziertheit soll eine innige Vertrautheit unsere Beziehung zu ihm prägen. Darüber hinaus möchte er uns aber eine neue Identität schenken: die Identität der Sohnschaft. Wir entdecken mehr und mehr, wie wir als echte Söhne und Töchter Gottes leben können.

Dr. Charity Virkler-Kayembe / Dr. Mark Virkler

Höre Gott durch deine Träume

Gottes Reden in der Nacht verstehen; 288 S., Pb.

In der Bibel finden wir sehr viele Beispiele für Gottes Reden durch Träume. Auch heute möchte er uns durch Träume wichtige Botschaften zukommen lassen. Doch beachten wir sie oft wenig oder wissen nicht, wie sie zu deuten sind.

Diesem Missstand möchte dieses Buches abhelfen. Die Autoren haben sehr viele Erfahrungen im Umgang mit Gottes Reden gesammelt. Das Buch ist ein praktischer, leicht verständlicher und biblischer Leitfaden, um die Sprache zu verstehen, die Gott in unseren Träumen benutzt.

Phil Mason

Das Wunder der Neuen Schöpfung

Die Grundlage der Herzensrevolution

Band 2 der Reihe „Übernatürl. Transformation"; 264 S.

Was genau passiert bei der Wiedergeburt eines Christen? Welche Segnungen gehen damit einher? Wie kommen wir dahin, vom Geist bestimmt zu werden? Und wie geschieht es, dass wir ganz heil werden und immer mehr Christus widerspiegeln?

Phil Mason legt die umfassende Grundlage dafür, dass jeder Christ die Tatsachen und Prozesse versteht, die uns zu siegreichen Christus-Nachfolgern machen. Das ist Voraussetzung für die Revolution, die Gott in seiner Gemeinde gerade in Gang bringt.

Ganzheitlich siegreich leben

Wie wir in allen Lebensbereichen gegen die Angriffe des Feindes immun werden; 124 S., Paperback

Der geistliche Kampf scheint ein komplexes Thema zu sein. Luc Niebergall liegt daran, es zu entmystifizieren und einfach verständlich zu machen. Er stellt dazu praktische und geistliche Werkzeuge vor, die uns helfen, siegreich zu leben, was Körper, Seele und Geist angeht.

Somit wird unser ganzes Wesen unter die Herrschaft Jesu gebracht, anstatt dem Feind in irgendeiner Form Raum zu geben. Verstehen wir unsere königliche Identität, können wir den geistlichen Kampf aus einer Haltung der Ruhe, der Autorität und des Sieges führen.

Jonathan Welton, Die Schule der Seher

Eine praktische Anleitung, wie man ins Unsichtbare hineinsehen kann; 224 S.; Pb.; Vorwort von Randy Clark

Viele Christen haben angefangen, übernatürliche Phänomene zu erleben: Träume, (offene) Visionen, Engel oder Dämonen. Aber es mangelt ihnen an solider biblischer Lehre und sie sind zu dem geworden, was man als *Seherwaisen* bezeichnet: Sie suchen verzweifelt nach jemandem, der sie trainiert, ermutigt und freisetzt.

Das Ziel von Jonathan Welton war deshalb, ein praktisches Handbuch herauszubringen, das den Leib Christi mit den Informationen ausrüstet, die notwendig sind, um in der Dimension des Prophetischen bzw. des Sehers zu wachsen und im Leben im Übernatürlichen Reife zu erlangen.

Blake K. Healy, Durch den Schleier sehen

Eine Einladung in die unsichtbare Welt; 176 S. Pb.

Blake K. Healy sieht Engel und Dämonen seit seiner Kindheit – und zwar so klar wie natürlich sichtbare Dinge. Er sieht zum Beispiel Engel in Anbetungsgottesdiensten tanzen und Ermutigungsworte in die Ohren von Menschen flüstern, doch genauso sieht er auch Dämonen, die sich an Leute heften und so Abhängigkeiten, Lügen und Bitterkeit in deren Herzen und Gedanken aufrechterhalten.

In diesem Buch erzählt er einige dieser Begegnungen und wie er in dieser Gabe reifte und dabei die Angst und Verwirrung über die Dinge, welche er sah, überwand. Und ebenso, und wie er lernte, die Gabe des Sehens zu Gottes Verherrlichung zu nutzen und andere darin zu lehren.

„Ich wollte nicht, dass dieses Buch jemals endet!" (Bill Johnson)

Markus Herbert, Komm höher herauf!

Visionen vom Berg Zion, dem Garten Eden und dem himmlischen Jerusalem; 136 S., Pb.

Dieses Buch ist ein Zeugnis dafür, dass es sich lohnt, sich im Geist auf das Abenteuer einzulassen, himmlische Orte schon jetzt aufzusuchen. Sowohl der himmlische Vater als auch Jesus Christus und der Heilige Geist konnten dem Autor dort tiefe Einsichten vermitteln.

In fortschreitenden Visionen durfte der Autor nicht nur den Berg Zion, sondern auch das Paradies und das himmlische Jerusalem besuchen. Das Eindrücklichste war, dem himmlischen Vater in seinem Vaterherzen zu begegnen.

Barry & Lori Byrne, Liebe in der Ehe

Eine tiefere geistliche, emotionale und körperliche Einheit erleben; Vorwort von Bill Johnson; 334 S.,

Gott möchte, dass die Ehe ein Ort echter Liebe und Vertrautheit ist. Dafür brauchen wir die Hilfe des Heiligen Geistes. Mit ihm können wir die Ursachen unserer Konflikte erkennen und überwinden. Unsere Ehe kann Heilung und Wiederherstellung erfahren, egal, wie der momentane Zustand ist.

Mit klarer biblischer Lehre und vielen praktischen Hilfen packen die Autoren die wichtigsten heißen Eisen an. Viele ermutigende Erfahrungsberichte verdeutlichen die dramatische Heilung und Intimität, die mit Gottes Hilfe möglich ist.

Dr. Larry Richards

Die volle Waffenrüstung Gottes

Gut geschützt gegen die Angriffe des Bösen; 208 S., Pb.

Die Bibel macht deutlich, dass ein Großteil unserer Unsicherheiten, Ängste und Zweifel auf den Machenschaften böser Mächte beruhen. Deshalb ist es so entscheidend, dass wir sowohl die Strategien kennen, die Satan benutzt, um uns anzugreifen, als auch die Rüstung, die Gott uns zur Verfügung stellt, um uns dagegen zu schützen.

Eine biblische Dämonologie und Hilfen zum Umgang mit dem Bösen in der Seelsorge runden das Buch ab.

Bestellen Sie im Buchhandel oder direkt beim Verlag:

GloryWorld-Medien | Beit-Sahour-Str. 4 | D-46509 Xanten
Fon: 02801-9854003 | Fax: 02801-9854004 | info@gloryworld.de

Aktuelles, Leseproben, Downloads & Shop: **www.gloryworld.de**